Aprende a Modelar Aplicaciones
con
UML

2ª Edición

Julián Esteban Gracia Burgués

IT Campus Academy

ISBN-13: 978-1523498536

Tabla de contenido

NOTA LEGAL

Esta publicación está destinada a proporcionar el material útil e informativo. Esta publicación no tiene la intención de conseguir que usted sea un maestro en el análisis y modelaje del software, sino que consiga obtener un amplio conocimiento general sobre el modelado de software para que cuando tenga que trabajar, usted ya pueda conocer los conceptos y el funcionamiento del modelado UML. No me hago responsable de los daños que puedan ocasionar el mal uso del código fuente y de la información que se muestra en este libro, siendo el único objetivo de este, la información y el estudio del modelaje de aplicaciones en el ámbito informático. Antes de realizar ninguna prueba en un entorno real o de producción, realice las pertinentes pruebas en un entorno Beta o de prueba.

El autor y editor niegan específicamente toda responsabilidad por cualquier responsabilidad, pérdida, o riesgo, personal o de otra manera, en que se incurre como consecuencia, directa o indirectamente, del uso o aplicación de cualesquiera contenidos de este libro.

Todas y todos los nombres de productos mencionados en este libro son marcas comerciales de sus respectivos propietarios. Ninguno de estos propietarios han patrocinado el presente libro.

Procure leer siempre toda la documentación proporcionada por los fabricantes de software usar sus propios códigos fuente. El autor y el editor no se hacen responsables de las reclamaciones realizadas por los fabricantes.

INTRODUCCIÓN

El principal problema del desarrollo de nuevos sistemas utilizando la orientación a objetos en las fases de análisis de requisitos, análisis y diseño de sistemas es que no hay una notación estandarizada y realmente eficaz que cubra cualquier tipo de aplicación que se desee. Cada simbología existente tiene sus propios conceptos, gráficos y terminología, lo que resulta en una gran confusión, especialmente para aquellos que quieren utilizar la orientación a objetos no sólo sabiendo a que lado apunta la flecha de una relación, sino sabiendo crear modelos de calidad que les ayuden a construir y mantener sistemas cada vez más eficaces.

Cuando el "Unified Modeling Language" (UML) fue lanzado, muchos desarrolladores en el área de la orientación a objetos estaban emocionados ya que la normalización propuesta por el UML era el tipo de fuerza que siempre esperaron.

El UML es mucho más que la estandarización de una notación. Es también el desarrollo de nuevos conceptos que no se utilizaban anteriormente. Por esta y muchas otras razones, una buena comprensión de UML no es sólo aprender los símbolos y su significado, sino que también significa aprender a modelar orientado a objetos como una forma de arte.

UML fue desarrollado por Grady Booch, James Rumbaugh e Ivar Jacobson, que son conocidos como "los tres amigos". Todos tienen un amplio conocimiento en el área de modelado orientado a objetos ya que las tres metodologías de modelado más prestigiosas orientadas a objetos fueron desarrolladas por ellos y el UML es la unión de lo mejor de estas tres metodologías añadiendo nuevos conceptos y visiones del lenguaje. Vamos a ver las características de cada una de estas metodologías a lo largo de este libro.

Veremos cómo el UML aborda el carácter estático y dinámico del sistema a ser analizado teniendo en cuenta, ya durante el modelado, todas las características futuras del sistema en relación con el uso de "paquetes" propios del lenguaje a ser utilizado, el uso de bases de datos, así como varias especificaciones del sistema que se desarrollarán de acuerdo con las métricas del sistema final.

En este libro no se definirá el significado de clases, objetos, relaciones, flujos, mensajes y otras entidades comunes de la orientación a objetos, sino que trataremos como se crean, simbolizan y organizan estas entidades y como se utilizan en un desarrollo utilizando UML.

DESARROLLO DE SOFTWARE ORIENTADO A OBJETOS

Los conceptos de orientación a objetos se han discutido desde hace mucho tiempo, desde el lanzamiento del primer lenguaje orientado a objetos, SIMULA. Varios "padres" de la ingeniería del software mundial como Peter Coad, Edward Yourdon y Roger Pressman abordaron ampliamente el análisis orientado a objetos como realmente un gran avance en el desarrollo de sistemas. Pero aún así, citan que no hay (o no existen en el momento de sus publicaciones) un lenguaje que permita el desarrollo de cualquier software utilizando el análisis orientado a objetos.

Los conceptos que Coad, Yourdon, Pressman y muchos otros trataron, discutieron y definieron en sus publicaciones fueron:

- La orientación a objetos es una tecnología para la producción de modelos que especifican el dominio del problema de un sistema.

- Cuando esté construido adecuadamente, los sistemas orientados a objetos son flexibles al cambio, tienen estructuras bien conocidas y proporcionan la oportunidad de crear e implementar componentes totalmente reutilizables.

- Los modelos orientados a objetos se aplican convenientemente usando un lenguaje de de programación orientado a objetos. La ingeniería de software orientado a objetos es mucho más que el uso de mecanismos de su lenguaje de programación, es capaz de utilizar de la mejor manera posible todas las técnicas de modelado orientado a objetos.

- La orientación a objetos no es sólo teoría, sino una tecnología probada para la eficiencia y la calidad que se utiliza en numerosos proyectos y para la construcción de diferentes tipos de sistemas.

La orientación a objetos requiere un método que integre el proceso de desarrollo y el lenguaje de modelado con la construcción de técnicas y herramientas adecuadas.

UML - LA UNIFICACIÓN DE LOS MÉTODOS PARA LA CREACIÓN DE UN NUEVO ESTÁNDAR

El UML es un intento de estandarizar el modelado orientado a objetos de manera que cualquier sistema, sea cual sea, se pueda modelar correctamente, con consistencia, fácil para comunicarse con otras aplicaciones, fácil de actualizar y comprensible.

Hay varios métodos de modelado orientado a objetos que hasta el advenimiento de UML causaron una guerra entre la comunidad de desarrolladores orientados a objetos. El UML terminó esta guerra al traer las mejores ideas de cada uno de estos métodos, y mostrando cómo debería ser la migración de cada uno para UML.

Vamos a hablar de algunas de las principales metodologías que se hicieron populares en los años 90:

- **Booch** - El método de Grady Booch para el desarrollo orientado a objetos está disponible en muchas versiones. Booch define la noción de que un sistema se analiza a partir de un número de puntos de vista, donde cada vista se describe mediante una serie de modelos y diagramas. El Método de Booch trajo una simbología compleja para ser dibujada a mano, también contenía el proceso por el cual los sistemas se analizan para macro y micro vistas.

- **OMT** - Técnica de Modelado de Objetos (Object Modelling Technique) es un método desarrollado por

GE (General Electric), donde James Rumbaugh trabajaba. El método está especialmente dirigido para la prueba de modelos, basado en las especificaciones del análisis de requisitos del sistema. El modelo total del sistema basado en el método OMT está compuesto por la unión de los modelos de objetos, funcional y de casos de uso.

- **OOSE / Objectory** – Los métodos Objectory y OOSE se desarrollaron basándose en el mismo punto de vista creado por Ivar Jacobson. El método OOSE es la visión de Jacobson de un método orientado a objetos, ya que el Objectory se utiliza para la construcción de sistemas tan diversos como puedan ser. Ambos métodos se basan en la utilización de casos de uso, que definen los requisitos iniciales del sistema, vistos por un actor externo. El método Objectory también fue adaptado para la ingeniería de negocios, donde se utiliza para modelar y mejorar los procesos involucrados en el funcionamiento de las empresas.

Cada uno de estos métodos tiene su propia notación (sus propios símbolos para representar los modelos orientados a objetos), procesos (que actividades se desarrollan en las diferentes partes del desarrollo) y herramientas (herramientas CASE que soportan cada una de estas notaciones y procesos).

Dada esta diversidad de conceptos, "los tres amigos", Grady Booch, James Rumbaugh e Ivar Jacobson decidieron crear un lenguaje de modelado unificado. Ellos han proporcionado innumerables borradores de UML a la comunidad de desarrolladores y la respuesta proporcionó muchas ideas nuevas que mejoraron aún más el lenguaje.

Los objetivos de UML son:

- El modelado de sistemas (no sólo de software) utilizando los conceptos de orientación a objetos;

- Establecer una unión haciendo que métodos conceptuales sean también ejecutables;

- Crear un lenguaje de modelado utilizable por el hombre y la máquina.

El UML está destinado a ser dominante, el lenguaje de modelado común para ser utilizado en la industria. Se basa totalmente en conceptos y estándares ampliamente probados procedentes de las metodologías existentes y también está muy bien documentado con toda la especificación de la semántica del lenguaje representado en meta-modelos

USO DE UML

El UML se utiliza en el desarrollo de varios tipos de sistemas. Siempre cubre cualquier característica de un sistema en uno de sus diagramas y también se aplica en diferentes etapas de desarrollo de un sistema, desde la especificación del análisis de requisitos hasta su finalización con la fase de prueba.

El objetivo de UML es describir cualquier tipo de sistema en términos de diagramas orientados a objetos. Por supuesto, el uso más común es para crear modelos de sistemas de software, pero UML también se utiliza para representar sistemas mecánicos sin ningún software. Estos son algunos tipos diferentes de sistemas con sus características comunes:

- **Sistemas de Información**: Almacenar, navegar, editar y mostrar la información a los usuarios. Mantener grandes cantidades de datos con relaciones complejas, que se almacenan en bases de datos relacionales u orientados a objetos.

- **Sistemas Técnicos**: Mantener y controlar los equipos técnicos como las telecomunicaciones, equipo militar o procesos industriales. Deben tener interfaces de equipos especiales y menos software de programación que los sistemas de información. Los sistemas técnicos suelen ser sistemas en tiempo real.

- **Sistemas Real-Time Integrados**: Ejecutados en simples piezas de hardware integradas en teléfonos móviles, coches, alarmas, etc. Estos sistemas implementan programación de bajo nivel y necesitan apoyo en tiempo real.

- **Sistemas Distribuidos**: Distribuidos en máquinas en las que los datos se transfieren fácilmente de una máquina a otra. Requieren mecanismos de comunicación sincronizados para garantizar la integridad de los datos y por lo general se construyen en mecanismos de objetos como CORBA, COM / DCOM o Java Beans / RMI.

- **Sistemas de Software**: Definen una infraestructura técnica que otros softwares usan. Sistemas operacionales, bases de datos y acciones de usuarios que realizan acciones de bajo nivel en el hardware, mientras proporcionan interfaces genéricas de uso de otros softwares.

- **Sistemas de Negocios**: Describen los objetivos, las especificaciones (personas, equipos, etc.), las normas (leyes, estrategias de negocios, etc.) y el trabajo real realizado en los procesos del negocio.

Es importante darse cuenta que la mayoría de los sistemas no tienen una sola de las características enumeradas anteriormente, sino varias de ellas simultáneamente. Los sistemas de información de hoy en día, por ejemplo, pueden tener características tanto real time como distribuidas. El UML soporta modelados de todos estos tipos de sistemas.

ETAPAS DEL DESARROLLO DE UN SISTEMA EN UML

Hay cinco etapas en el desarrollo de sistemas de software: análisis de requisitos, análisis, diseño (proyecto), programación y pruebas. Estas cinco etapas no deben ser ejecutadas en el orden descrito anteriormente, sino de forma que problemas detectados en una cierta fase modifiquen o mejoren las fases desarrolladas anteriormente de forma que el resultado global genere un producto de alta calidad y rendimiento. A continuación hablaremos de cada fase del desarrollo de un sistema en UML.

ANÁLISIS DE REQUISITOS

Esta fase captura las intenciones y necesidades de los usuarios del sistema que se desarrollará a través de la utilización de funciones llamadas "casos de uso". A través del desarrollo de "casos de uso", las entidades externas al sistema (en UML denominadas "actores externos") que interactúan y tienen interés en el sistema modelan las funciones que ellos requieren, estas funciones se llaman "casos de uso". Los actores externos y los "casos de uso" se modelan con las relaciones que tienen comunicación asociativa entre ellos y son desmembrados en jerarquía. Cada "caso de uso" modelado se describe a través de un texto, y este especifica los requisitos del actor externo que utilizará el "caso de uso". El diagrama de "casos de uso" muestra lo que los actores externos, es decir, los usuarios del sistema futuro deberán esperar de la aplicación, conociendo toda su funcionalidad, independientemente de cómo se vaya a implementar. El análisis de los requisitos también se puede desarrollar sobre la base de los procesos de negocio, y no sólo para sistemas de software.

ANÁLISIS

La fase de análisis tiene que ver con las primeras abstracciones (clases y objetos) y mecanismos que estarán presentes en el dominio del problema. Las clases se modelan y se vinculan a través de relaciones con otras clases, y se describen en el diagrama de clases. Las colaboraciones entre clases también se muestran en este diagrama para desarrollar los "casos de uso" modelados previamente, estas colaboraciones se crean a través de modelos dinámicos en UML. En el análisis, sólo serán modeladas las clases que son del dominio del problema principal del software, es decir, las clases técnicas que gestionan la interfaz, base de datos, comunicación, competencia, etc. Las otras no estarán presentes en este diagrama.

DISEÑO

En la fase de diseño, el resultado del análisis se expande a las soluciones técnicas. Se añadirán nuevas clases para proporcionar una infraestructura técnica: la interfaz de usuario y los dispositivos periféricos, gestión de base de datos, la comunicación con otros sistemas, entre otras. Las clases del dominio del problema modelado en la fase de análisis se combinan en esta nueva infraestructura técnica que permite cambiar tanto el dominio del problema como de la infraestructura. Los resultados se detallan en las especificaciones de diseño para la fase de programación del sistema.

PROGRAMACIÓN

En la fase de programación, las clases del diseño se convierten en código del lenguaje orientado a objetos elegido (es altamente no recomendable el uso de lenguajes de procedimientos). Dependiendo de las capacidades del lenguaje utilizado, esta conversión puede ser una tarea fácil o difícil. En el momento de la creación de modelos para el análisis y diseño en UML, lo mejor es evitar traducirlos mentalmente a código. En las etapas anteriores, los modelos creados son el significado de la comprensión de la estructura del sistema, entonces, en el momento de la generación de código donde el analista concluye anticipadamente sobre los cambios en su contenido, sus modelos ya no muestran el perfil real del sistema. La programación es una fase separada y distinta, donde los modelos creados se convierten en código.

PRUEBAS

Un sistema normalmente es rodado en pruebas unitarias, de integración y aceptación. Las pruebas unitarias son para las clases individuales o grupos de clases y por lo general se realizan por el programador. Las pruebas de integración se aplican mediante las clases y componentes integrados para confirmar si las clases están cooperando entre sí como se especifica en los modelos. Las pruebas de aceptación observan el sistema como una "caja negra" y comprueban si el sistema está funcionando como se especificó en los primeros diagramas de "casos de uso".

El sistema será probado por el usuario final y verificará que los resultados que se muestran están realmente de acuerdo con las intenciones del usuario final.

LA NOTACIÓN DE UNIFIED MODELING LANGUAGE - UML

Tener en cuenta las cinco fases de desarrollo de software, las fases de análisis de requisitos, análisis y diseño se utilizan en el desarrollo de cinco tipos de vistas, nueve tipos de diagramas y varios modelos de elementos que se utilizan en la creación de los diagramas y mecanismos generales que todos en conjunto especifican y ejemplifican la definición del sistema, tanto en la definición con respecto a la funcionalidad estática como dinámica del desarrollo de un sistema.

Antes de discutir cada uno de estos componentes por separado, definiremos las partes que componen el UML:

- **Vistas**: Las vistas muestran diferentes aspectos del sistema que está siendo modelado. La vista no es un gráfico, sino una abstracción que consiste en una serie de diagramas. Definiendo un número de vistas, cada una mostrará aspectos particulares del sistema, dando enfoque a ángulos y niveles diferentes de abstracción y una imagen completa del sistema podrá ser construida. Las vistas también pueden servir como un vínculo entre el lenguaje de modelado y el método/proceso de desarrollo elegido.

- **Modelos de Elementos**: Los conceptos utilizados en los diagramas son modelos de elementos que representan definiciones comunes de la orientación a objetos como clases, objetos, mensajes, incluyendo las relaciones entre las asociaciones, dependencias y herencias.

- **Mecanismos Generales**: Los mecanismos generales proporcionan comentarios adicionales, información o semántica de los elementos que componen los modelos; también aportan mecanismos de extensión para adaptar o extender el UML para método/proceso, organización o usuario específico.

- **Diagramas**: Los diagramas son gráficos que describen el contenido de una vista. UML tiene nueve tipos de diagramas que se utilizan en combinación para proporcionar todas las vistas del sistema.

VISTAS

El desarrollo de un sistema complejo no es una tarea fácil. Lo ideal seria que todo el sistema pudiera ser descrito en un solo gráfico y que este representase por completo las intenciones reales del sistema sin ambigüedades, siendo fácilmente interpretable. Por desgracia, esto es imposible. Un solo gráfico es incapaz de capturar toda la información necesaria para describir un sistema.

Un sistema consta de varios aspectos: funcional (es decir, su estructura estática y sus interacciones dinámicas), no funcional (requisitos de tiempo, fiabilidad, desarrollo, etc.) y aspectos organizativos (organización del trabajo, modelado de los módulos de código, etc.). Así que el sistema se describe en un determinado número de vistas, cada una representando una proyección de la descripción completa y mostrando aspectos particulares del sistema.

Cada vista se describe por una serie de diagramas que contienen información que dan énfasis a los aspectos particulares del sistema. Existe en algunos casos un cierto solapamiento entre los diagramas lo que significa que uno puede participar en más de una vista. Los diagramas que componen las vistas contienen los modelos de elementos del sistema. Las vistas que componen un sistema son:

Vista de Componentes

Vista Lógica

Vista Casos de Uso

Vista de Organización

Vista de Competencia

- **Vista de casos de uso**: describe la funcionalidad del sistema realizada por los actores externos del sistema (usuarios). La vista casos de uso es fundamental, ya que su contenido es la base del desarrollo de las otras vistas del sistema. Esta vista es montada sobre los diagramas de casos de uso y eventualmente diagramas de actividad.

- **Vista lógica**: describe cómo se implementará la funcionalidad del sistema. Es hecha principalmente por los analistas y desarrolladores. En contraste con la vista de casos de uso, la vista lógica observa y estudia el sistema internamente. Ella describe y especifica la estructura estática del sistema (clases, objetos y relaciones) y colaboraciones dinámicas cuando los objetos envían mensajes entre sí para llevar a cabo las funciones del sistema. Propiedades tales como la persistencia y la competencia se definen en esta etapa, así como las interfaces y estructuras de clase. La estructura estática es descrita por los diagramas de clases y objetos. El modelado dinámico es descrito por los diagramas de estado, secuencia, colaboración y actividad.

- **Vista de componentes**: se trata de una descripción de la implementación de los módulos y sus dependencias. Se lleva a cabo principalmente por los desarrolladores, y consiste en los componentes de los diagramas.

- **Vista general de la competencia**: trata la división del sistema en procesos y procesadores. Este aspecto, que es una propiedad no funcional del sistema, permite un mejor uso del entorno en el que se encuentra el sistema, si el mismo dispone de ejecuciones en paralelo, y si existe dentro del sistema una gestión de eventos asíncronos. Una vez dividido el sistema en líneas de ejecución de procesos concurrentes (threads), esta vista debe mostrar cómo será la comunicación y la competencia de estos hilos. La vista de la competencia se apoya en diagramas dinámicos, que son los diagramas de estado, secuencia, colaboración y actividad, y los diagramas de implementación, que son diagramas de componentes y ejecución.

- **Vista de la organización**: por último, la vista de la organización muestra la organización física de los sistemas, equipos, periféricos y cómo se conectan entre sí. Esta vista será implementada por los desarrolladores, integradores y probadores, y será representada por el diagrama de ejecución.

MODELOS DE ELEMENTOS

Los conceptos que se utilizan en los diagramas se llaman modelos de elementos. Un modelo de elemento se define con la semántica, la definición formal del elemento con el significado exacto de lo que representa sin definiciones dudosas o ambiguas y también define su representación gráfica que se muestra en los diagramas UML. Un elemento puede existir en diversos tipos de diagramas, pero hay reglas que definen qué elementos puede mostrarse en los diferentes tipos de diagramas. Algunos ejemplos de modelos de elementos son clases, objetos, estados, paquetes y componentes. Las relaciones son también modelos de elementos y se utilizan para conectar otros tipos de elementos entre sí. Todos los modelos de elementos se definen y ejemplifican a continuación.

CLASES

Una clase es una descripción de un tipo de objeto. Todos los objetos son instancias de clases, donde la clase describe las propiedades y el comportamiento de ese objeto. Los objetos sólo pueden ser instancias de clases. Las clases se utilizan para clasificar los objetos que identificamos en el mundo real. Tomando el ejemplo de Charles Darwin, quien utilizó clases para clasificar a los animales conocidos y combinó sus clases por herencia para describir la "Teoría de la Evolución". La técnica de herencia entre clases también se utiliza en la orientación a objetos.

Una clase puede ser la descripción de un objeto en cualquier sistema - sistemas de información, técnico, integrado, distribuido, software, etc. En un sistema de software, por ejemplo, hay clases que representan entidades de software en un sistema operativo como archivos, programas ejecutables, ventanas, barras de desplazamiento, etc.

Identificar las clases de un sistema puede ser complicado y debe ser realizado por expertos en el dominio del problema en que el software modelado se basa. Las clases deben ser retiradas del dominio del problema y ser nombradas por lo que representan en el sistema. Cuando tratamos de definir las clases de un sistema, hay algunas preguntas que pueden ayudar a identificarlas:

- **¿Hay información que se debe ser almacenada o analizada?** Si hay alguna información que tiene que ser almacenada, procesada o analizada en modo alguno, entonces es una posible candidata para una clase.

- **¿Existen sistemas externos al modelado?** Si los hay, deben ser vistos como clases por el sistema para que puedan interactuar con los otros.

- **¿Hay clases de bibliotecas, componentes o modelos externos para ser utilizados por el sistema modelado?** Si es así, por lo general estas clases, componentes y modelos contienen clases candidatas a nuestro sistema.

- **¿Cuál es el papel de los actores dentro del sistema?** Quizás su papel puede ser visto como clases, por ejemplo, usuario, operador, los clientes y así sucesivamente.

En UML las clases están representados por un rectángulo dividido en tres compartimentos: el compartimento del nombre, que contendrá sólo el nombre de la clase modelada, o de atributos, que poseerá la relación de atributos que la clase tiene en su estructura interna, y el compartimiento de operaciones, que son los métodos de manipulación de datos y de comunicación de una clase con otras del sistema. La sintaxis utilizada en cada uno de estos compartimentos es independiente de cualquier lenguaje de programación, aunque otras sintaxis como la de C++, Java, etc. pueden ser utilizadas.

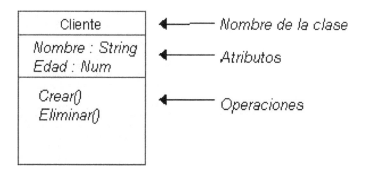

OBJETOS

Un objeto es un elemento que podemos manipular, controlar su conducta, crear, destruir, etc. Un objeto existe en el mundo real. Puede ser una parte de cualquier sistema, por ejemplo, una máquina, una organización o empresa. Hay objetos que no encontramos en el mundo real pero que pueden ser vistos como derivaciones de estudios de la estructura y el comportamiento de otros objetos del mundo real.

En UML un objeto se muestra como una clase sólo que se subraya su nombre (el objeto), y el nombre del objeto puede ser mostrado opcionalmente precedido por el nombre de la clase.

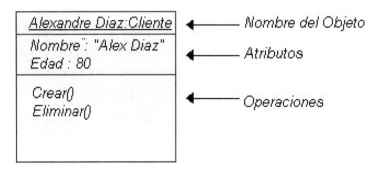

ESTADOS

Todos los objetos tienen un estado que significa el resultado de las actividades realizadas por el objeto, y es generalmente determinada por los valores de sus atributos y vínculos a otros objetos.

Un objeto cambia de estado cuando ocurre algo, el hecho de que algo le sucede al objeto se llama evento. Mediante el análisis de los cambios en los estados de los tipos de objetos en un sistema, podemos predecir todos los posibles comportamientos de un objeto de acuerdo con los eventos que pueda sufrir.

Un estado, en su notación, puede contener tres compartimentos. El primero muestra el nombre del estado. El segundo es opcional y muestra la variable de estado, donde los atributos del objeto en cuestión se pueden enumerar y actualizar. Los atributos son los que aparecen en la representación de la clase y a veces también se pueden mostrar las variables temporales, que son muy útiles en los diagramas de estado, ya que mediante la observación de sus valores podemos ver su influencia en el cambio de los estados de un objeto. El tercer compartimento es opcional y se llama el compartimiento de la actividad, donde los eventos y acciones se pueden enumerar. Tres eventos estándar se pueden mostrar en un compartimiento de actividades de un estado: entrar, salir y hacer. El evento entrar se puede utilizar para definir actividades en el momento en que el objeto entra en ese estado. El evento salir, define las actividades que el objeto realiza antes de pasar al siguiente estado y el evento hacer define las actividades del objeto, mientras se encuentra en ese estado.

PAQUETES

El paquete es un mecanismo de agrupación, donde todos los modelos de elementos se pueden agrupar. En UML, un paquete se define como: "Un mecanismo de propósito general para organizar elementos semánticamente relacionados en grupos." Todos los modelos de elementos que están vinculados o referenciados por un paquete se llaman "Contenido del paquete". Un paquete tiene varios modelos de elementos, y esto significa que no pueden ser incluidos en otros paquetes.

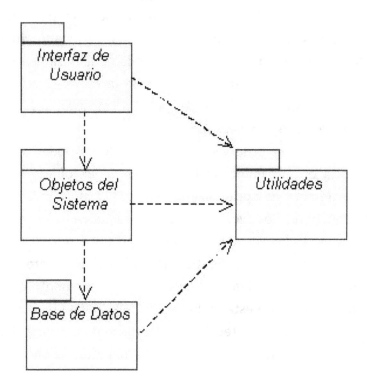

Los paquetes pueden importar modelos de elementos de otros paquetes. Cuando se importa un modelo de elementos, se refiere sólo al paquete que tiene el elemento. En la mayoría de los casos, los paquetes tienen relaciones con otros paquetes. Aunque éstos no tienen semántica definida para sus instancias. Las relaciones permitidas entre los paquetes son de dependencia, refinamiento y generalización (herencia).

El paquete tiene una gran similitud con la agregación (relación que será tratada más adelante). El hecho de que un paquete se compone de modelos de elementos crea una agregación de composición. Si este se destruye, todo su contenido también será eliminado.

COMPONENTES

Un componente puede ser tanto un código en lenguaje de programación como un código ejecutable ya compilado. Por ejemplo, en un sistema desarrollado en Java, cada archivo. java o .class es un componente del sistema, y se mostrará en el diagrama de componentes que los utiliza.

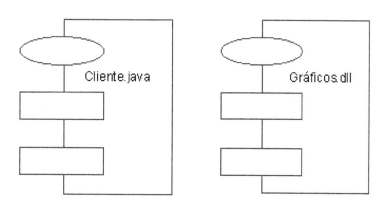

RELACIONES

Las relaciones conectan las clases / objetos entre sí creando relaciones lógicas entre estas entidades. Las relaciones pueden ser de los siguientes tipos:

- **Asociación**: es una relación entre las clases, y también significa que es una conexión entre los objetos de esas clases. En UML, una asociación se define como una relación que describe una serie de enlaces, donde el enlace se define como la semántica entre los pares de objetos conectados.

- **Generalización**: es una relación entre un elemento más general y otro más específico. El elemento más específico sólo puede contener información adicional. Una instancia (un objeto es una instancia de una clase) del elemento más específico puede utilizarse donde se permite que sea utilizado el elemento más general.

- **Dependencia y refinamiento**: la dependencia es una relación entre los elementos, uno independiente y otro dependiente. Una modificación es un elemento independiente que afectará directamente a los elementos dependientes del anterior. Refinamiento es una relación entre dos descripciones de la misma entidad, pero en más niveles de abstracción.

Ahora discutiremos cada tipo de relación y sus respectivas subdivisiones.

ASOCIACIONES

Una asociación representa que dos clases tienen una conexión (link) entre ellas, lo que significa, por ejemplo, que "se conocen entre sí", "están conectadas con", "para cada X hay una Y" y así sucesivamente. Las clases y las asociaciones son muy poderosas cuando son modeladas en sistemas complejos.

ASOCIACIONES NORMALES

El tipo más común de asociación es sólo una relación entre las clases. Se representa mediante una línea continua entre dos clases. La asociación tiene un nombre (a lo largo de la línea que representa la asociación), por lo general un verbo, si bien los nombres sustantivos también están permitidos.

También se puede colocar una flecha en el final de la asociación indicando que esta combinación sólo se puede utilizar en el lado donde apunta la flecha. Pero las asociaciones también pueden tener dos nombres, un nombre para cada dirección de la asociación.

Para expresar la multiplicidad de las relaciones, un intervalo indica cuántos objetos se enumeran en el enlace. El rango puede ser de cero a uno (0 .. 1), cero a muchos (0..* ó simplemente *), uno a muchos (1..*), dos (2) , de cinco a 11 (5 .. 11) y así sucesivamente. También es posible expresar una serie de números (1, 4, 6 .. 12). Si no se ha descrito ninguna multiplicidad, entonces se considera el estándar de uno a uno (1 .. 1 o sólo 1).

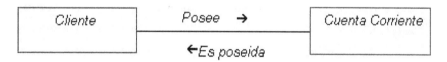

En el ejemplo anterior podemos ver una relación entre las clases clientes y cuenta corriente que se relacionan por asociación.

ASOCIACIÓN RECURSIVA

Se puede conectar una clase a sí misma a través de una asociación y que aún represente semánticamente la conexión entre dos objetos, pero los objetos conectados son de la misma clase. Una asociación de este tipo se llama una asociación recursiva.

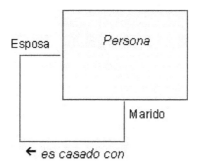

ASOCIACIÓN CUALIFICADA

Las asociaciones cualificadas se utilizan con combinaciones de uno a muchos (1 .. *) o muchos a muchos (*). El "cualificador" (identificador de la asociación cualificada) especifica cómo un determinado objeto en el final de la asociación "n" se identifica y puede ser visto como una especie de clave para separar todos los objetos en la asociación. El identificador está diseñado como una pequeña caja en el extremo de la asociación junto a la clase donde la navegación ha de hacerse.

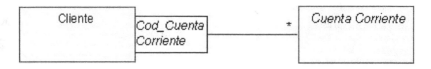

ASOCIACIÓN EXCLUSIVA

En algunos modelos no todas las combinaciones son válidas, y esto puede causar problemas que deben ser abordados. Una asociación exclusiva es una restricción en dos o más asociaciones. Especifica que los objetos de una clase pueden participar en, como máximo, una de las asociaciones en un momento dado. Una asociación exclusiva está representada por una línea discontinua entre las asociaciones que forman parte de una asociación exclusiva con la especificación "{o}" sobre la línea punteada.

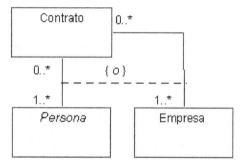

En el diagrama anterior un contrato no puede referirse a una persona y una empresa al mismo tiempo, lo que significa que la relación es exclusiva a sólo una de las dos clases.

ASOCIACIÓN ORDENADA

Las asociaciones entre los objetos pueden tener un orden implícito. El valor por defecto para una asociación es desordenada (o ningún orden en particular). Pero un orden se puede especificar mediante la asociación ordenada. Esta asociación puede ser muy útil en casos como este: ventanas de un sistema tienen que ser ordenadas en la pantalla (una de ellas en la parte superior, otra en la parte inferior y así sucesivamente). La asociación ordenada se puede escribir poniendo "{ordenada}" a lo largo de la línea de unión entre las dos clases.

ASOCIACIÓN DE CLASE

Una clase puede estar asociada con otra asociación. Este tipo de asociación no está conectada a ninguno de los extremos de la asociación existente, sino a la propia línea de asociación. Esta asociación sirve para añadir información adicional a la asociación existente.

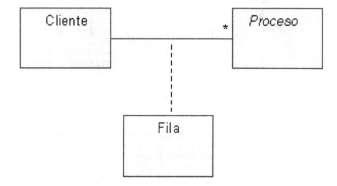

La asociación de la clase Fila con la asociación de las clases Cliente y Proceso se puede entender con operaciones de añadir procesos en la fila, leer y eliminar la cola y leer su tamaño. Si se añaden operaciones o atributos a la asociación, se debe mostrar como una clase.

ASOCIACIÓN TERCIARIA

Más de dos clases se pueden asociar entre sí, la asociación terciaria combina tres clases. Ella se muestra como un diamante y aún soporta una asociación de clase ligada a ella, entonces, se trazaría una línea desde el diamante a la clase donde se haría la asociación terciaria.

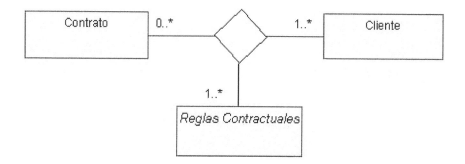

En el ejemplo anterior la asociación terciaria especifica que un cliente puede tener uno o más contratos y cada contrato contendrá una o varias reglas contractuales.

AGREGACIÓN

La agregación es un caso particular de asociación. La agregación indica que una de las clases de la relación es una parte, o está contenida en otra clase. Las palabras clave que se utilizan para identificar una agregación son: "consiste en", "contiene", "es parte de".

Hay tipos especiales de agregación que son las agregaciones compartidas y compuestas.

- **Agregación Compartida**: Se dice cuando una de las clases es una parte o está contenida en la otra, pero esta parte puede estar contenida en la otra varias veces en el mismo momento.

En el ejemplo anterior una persona puede ser miembro de un Tiempo (equipo) o varios Tiempos en un momento dado.

- **Agregación de Composición**: Es una agregación donde una clase que se encuentra en otra "vive" y constituye a la otra. Si se destruye el objeto de la clase que lo contiene, las clases de agregación de composición serán destruidas al mismo tiempo ya que las mismas son parte de la otra.

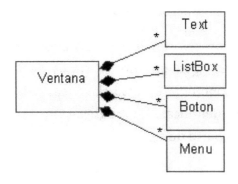

LAS GENERALIZACIONES

La generalización es una relación entre un elemento general y otro más específico. El elemento más específico tiene todas las características del elemento general y contiene más características. Un objeto más específico se puede utilizar como una instancia del elemento más general. La generalización, también llamada herencia, permite la creación de elementos especializados en otros.

Hay algunos tipos de generalizaciones que varían en su uso a partir de la condición. Son: generalización normal y restringida. Las generalizaciones restringidas se dividen en generalización de superposición, disyuntiva, completa e incompleta.

GENERALIZACIÓN NORMAL

En la generalización normal la clase más específica, llamada subclase, hereda todo de la clase más general, llama superclase. Los atributos, las operaciones y todas las asociaciones son heredadas.

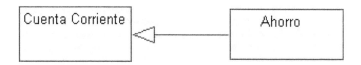

Una clase puede ser tanto una subclase como una superclase, si está en una jerarquía de clases, que es un gráfico donde las clases están vinculadas a través generalizaciones.

La generalización habitual está representada por una línea entre las dos clases que hacen la relación, se pone una flecha en el lado de la línea donde se encuentra la superclase indicando generalización.

Generalización restringida

Una restricción aplicada a una generalización especifica informaciones más precisas acerca de cómo la generalización se debe utilizar y ampliar en el futuro. Las siguientes restricciones definen las generalizaciones restringidas con más de una subclase:

- **Las generalizaciones de superposición y disyuntivas**: la generalización de superposición significa que cuando las subclases heredan de una superclase por solapamiento, estas nuevas subclases pueden heredar de más de una subclase. La generalización disyuntiva es exactamente lo contrario de la superposición y la generalización se utiliza como un estándar.

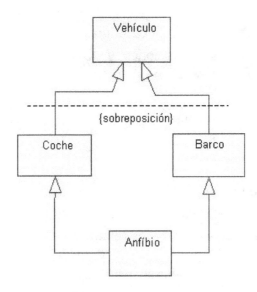

- **Generalización completa e incompleta**: una restricción que simboliza que una generalización es completa significa que todas las subclases se han especificado, y no hay posibilidad de otra generalización a partir de ese punto. La generalización incompleta es exactamente lo contrario de la completa y es asumida como un estándar del lenguaje.

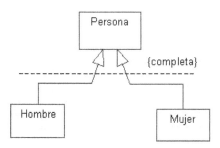

DEPENDENCIAS Y REFINAMIENTOS

Además de asociaciones y generalizaciones, hay dos tipos de relaciones en UML. La relación de dependencia es una relación semántica entre dos modelos de elementos, uno independiente y otro dependiente. Un cambio en el elemento independiente afectará al modelo dependiente. Como en el caso anterior con las generalizaciones, los modelos de elementos pueden ser una clase, paquete, un caso de uso y así sucesivamente. Cuando una clase recibe un objeto de otra clase como un parámetro, una clase accede al objeto global de la otra. En este caso existe una dependencia entre estas dos clases, aunque no sea explícita.

Una relación de dependencia está simbolizada por una línea discontinua con una flecha en el extremo de uno de los lados de la relación. Y sobre esa línea el tipo de dependencia que existe entre las dos clases. Las clases "amigas" de C ++ son un ejemplo de una relación de dependencia.

Los refinamientos son un tipo de relación entre dos descripciones de la misma cosa, pero en diferentes niveles de abstracción y se pueden utilizar para modelar diferentes implementaciones de una misma cosa (una implementación más compleja y otra sencilla, pero también más eficiente).

Los refinamientos son simbolizados por una línea discontinua con un triángulo en el extremo de uno de los lados de la relación y se utilizan en modelos de coordinación. En grandes proyectos, todos los modelos que se hacen deben ser coordinados. La coordinación de modelos en diferentes niveles de abstracción que se relacionan y muestran también como los modelos se relacionan en diferentes fases de desarrollo.

MECANISMOS GENERALES

El UML utiliza algunos mecanismos en sus diagramas para tratar la información adicional.

- **Adornos**: Adornos u ornamentos gráficos son anexados a los modelos de elementos en diagramas y añaden semánticas al elemento. Un ejemplo de un ornamento es la técnica de separar un tipo de una instancia. Cuando un elemento es un tipo, su nombre se muestra en negrita. Cuando el mismo elemento es una instancia de un tipo, se destaca su nombre con un subrayado y puede significar tanto el nombre de instancia como el nombre del tipo. Otros adornos son los de especificación de multiplicidad de relaciones, donde la multiplicidad es un número o un intervalo que indica cuántas instancias de un tipo conectado pueden estar involucradas en la relación.

- **Notas**: No todo se puede definir en un lenguaje de modelado, no importa qué tan extenso pueda ser. Para añadir información a un modelo que no podría ser representada de otra manera, UML ofrece la posibilidad de añadir notas. Una nota puede ser colocada en cualquier lugar de un diagrama, y puede contener cualquier tipo de información.

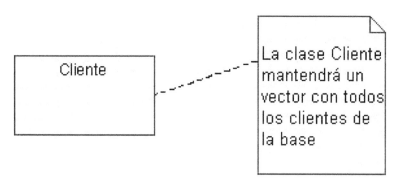

DIAGRAMAS

Los diagramas utilizados por UML se componen de nueve tipos: diagrama de casos de uso, de clase, de objeto, de estado, de secuencia, de colaboración, de actividad, de componentes y de ejecución.

Todos los sistemas tienen una estructura estática y comportamiento dinámico. El UML soporta modelos estáticos (estructura estática), dinámicos (comportamiento dinámico) y funcional. El modelado estático es soportado por el diagrama de clases y de objetos, que consiste en las clases y sus relaciones. Las relaciones pueden ser asociaciones, herencia (generalización), dependencia o refinamientos. Los modelados dinámicos son soportados por los diagramas de estado, secuencia, colaboración y actividad. Y el modelado funcional se apoya en los diagramas de componentes y ejecución. Ahora discutiremos cada uno de estos tipos de diagramas.

DIAGRAMA DE CASOS DE USO

Elementos:

El modelado de un diagrama de casos de uso es una técnica utilizada para describir los requisitos funcionales de un sistema. Están escritos en términos de actores externos, casos de uso y el sistema modelado. Los actores representan el papel de una entidad externa al sistema como un usuario, un hardware u otro sistema que interactúa con el sistema modelado. Los actores inician la comunicación con el sistema a través de los casos de uso, donde el caso de uso representa una secuencia de acciones realizadas por el sistema y recibe del actor que lo utiliza datos tangibles de un tipo o formato ya conocido, y el valor de respuesta de la ejecución de un caso de uso (contenido) es también ya un tipo conocido, todo eso es definido junto con el caso de uso a través de texto de documentación.

Los actores y casos de uso son clases. Un actor está conectado a uno o más casos de uso a través de asociaciones, y tanto actores como casos de uso pueden tener relaciones de generalización que definen un comportamiento común de herencia en las superclases especializadas en subclases.

El uso de casos de uso en colaboraciones es muy importante donde éstas son la descripción de un contexto mostrando las clases / objetos, sus relaciones y su interacción ejemplificando cómo las clases / objetos interactúan para llevar a cabo una actividad específica en el sistema. Una colaboración es descrita por los diagramas de actividades y diagramas de colaboración.

Cuando un caso de uso se implementa, la responsabilidad de cada paso de la ejecución debe estar asociado a las clases que participan de la colaboración, típicamente especificando las operaciones necesarias dentro de estas clases junto con la definición de cómo van a interactuar. Un escenario es una instancia de un caso de uso, o de una colaboración, mostrando la trayectoria específica de cada acción. Así que, el escenario es un ejemplo importante de un caso de uso o de una colaboración. Cuando se ve en términos de un caso de uso, sólo la interacción entre el actor externo y el caso de uso se ve, pero observando a nivel de una colaboración, todas las interacciones y pasos de la ejecución que implementan el sistema serán descritos y especificados.

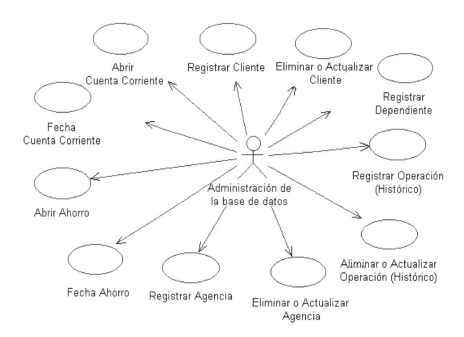

El diagrama de casos de uso anterior muestra las funciones de un actor externo de un sistema de control bancario de un banco ficticio que fue modelado en el estudio de caso al final de este trabajo. El diagrama especifica que funciones el administrador de bases de datos podrá realizar. Puede verse que no hay ninguna preocupación con la implementación de cada una de estas funciones, ya que este diagrama sólo se reduce a determinar qué funciones deberán ser soportadas por el sistema modelado.

DIAGRAMA DE CLASES

Elementos:

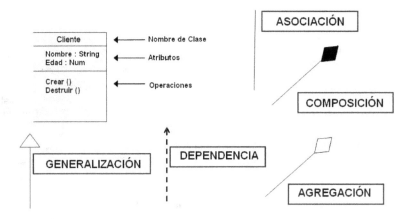

El diagrama de clases muestra la estructura estática de las clases de un sistema donde éstas representan las "cosas" que son administradas por la aplicación modelada. Las clases se relacionan con otras a través de diversas formas: asociación (interconectadas), dependencia (una clase depende o usa otra clase), especialización (una clase es una especialización de otra clase), o en paquetes (clases agrupadas por características similares). Todas estas relaciones se muestran en el diagrama de clases junto con sus estructuras internas, que son los atributos y operaciones. El diagrama de clases se considera estático porque la estructura descrita es siempre válida en cualquier punto del ciclo de vida del sistema. Un sistema normalmente posee algunos diagramas de clases, ya que no todas las clases están introducidas en un solo diagrama y una clase puede participar en varios diagramas de clases.

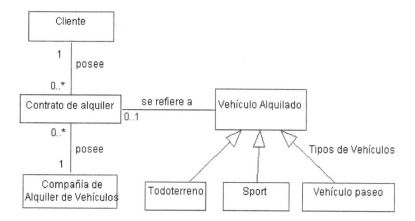

Una clase en un diagrama se puede implementar directamente utilizando un lenguaje de programación orientado a objetos que tenga soporte directo para la construcción de las clases. Para crear un diagrama de clases, las clases tienen que ser identificadas, descritas y relacionadas entre sí.

DIAGRAMA DE OBJETOS

El diagrama de objetos es una variación del diagrama de clases y utiliza casi la misma notación. La diferencia es que el diagrama de objetos muestra los objetos que se instancian de las clases. El diagrama de objetos es como si fuese el perfil del sistema en un determinado momento de su ejecución. La misma notación del diagrama de clases se utiliza con dos excepciones: los objetos se escriben con sus nombres subrayados y todas las instancias en una relación se muestran. Los diagramas de objetos no son tan importantes como los diagramas de clases, pero son muy útiles para ilustrar los diagramas complejos de clases siendo de gran ayuda en su comprensión. Los diagramas de objetos también se utilizan como parte de los diagramas de colaboración, donde se muestra la colaboración dinámica entre los objetos del sistema.

DIAGRAMA DE ESTADO

El diagrama de estado es típicamente un complemento para la descripción de las clases. Este diagrama muestra todos los estados posibles en que los objetos de una clase determinada pueden encontrarse y también muestra cuáles son los eventos del sistema que desencadenan estos cambios. Los diagramas de estado no son escritos para todas las clases de un sistema, sólo para aquellas que tienen un conjunto definido de estados conocidos y donde el comportamiento de las clases se ve afectado y modificado por los diferentes estados.

Los diagramas de estado capturan el ciclo de vida de los objetos, subsistemas y sistemas. Muestran los estados que un objeto puede tener y cómo los eventos (mensajes recibidos, tiempo, errores y condiciones cumplidas) afectan a estos estados a través del tiempo.

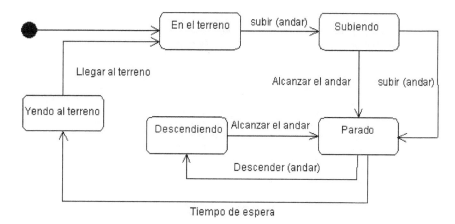

Los diagramas de estado tienen un punto de inicio y varios puntos de finalización. Un punto de inicio o partida (estado inicial) se muestra como un círculo relleno, y un punto final (estado final) se muestra como un círculo alrededor de otro círculo más pequeño relleno. Un estado se muestra como un rectángulo con esquinas redondeadas. Entre los estados están las transiciones, que se muestran como una línea con una flecha en el extremo de uno de los estados. La transición puede ser nombrada con su evento causante. Cuando el evento ocurre, la transición de un estado a otro se ejecuta o dispara.

Una transición de estado por lo general posee un evento ligado a ella. Si un evento se anexa a una transición, esta se ejecutará cuando se produzca el evento. Si una transición no tiene un evento ligado a ella, la misma ocurrirá cuando se ejecuta la acción interna del código de estado (si existen acciones internas como entrar, salir, hacer u otras acciones definidas por el desarrollador). Así que cuando todas las acciones se realizan por parte del estado, la transición se activará y comenzará las actividades del próximo estado en el diagrama de estados.

DIAGRAMA DE SECUENCIA

Un diagrama de secuencia muestra la colaboración dinámica entre varios objetos de un sistema. El aspecto más importante de este diagrama es que a partir de el podemos ver la secuencia de los mensajes enviados entre los objetos. Este muestra la interacción entre los objetos, algo que va a suceder en un punto específico de la ejecución del sistema. El diagrama de secuencia consiste de un número de objetos mostrados en líneas verticales. El paso del tiempo se muestra observando el diagrama en sentido vertical de arriba para abajo. Los mensajes enviados por cada objeto son simbolizados por flechas entre los objetos que se relacionan.

Los diagramas de secuencia tienen dos ejes, el eje vertical, que muestra el tiempo y el eje horizontal, que muestra los objetos que participan en la secuencia de una determinada actividad. También muestran las interacciones para un escenario específico de una determinada actividad del sistema.

En el eje horizontal están los objetos involucrados en la secuencia. Cada uno está representado por un rectángulo de objeto (similar al diagrama de objetos) y una línea vertical de puntos llamada línea de vida del objeto, lo que indica la ejecución del objeto durante la secuencia, como ejemplo citamos: mensajes recibidos o enviados y activación de objetos. La comunicación entre los objetos se representa como una línea horizontal con flechas que simbolizan los mensajes entre las líneas de vida de los objetos. La flecha indica si el mensaje es síncrono, asíncrono o simple. Los mensajes también pueden tener números secuenciales, se utilizan para tener de manera más explícita la secuencia en el diagrama.

En algunos sistemas, los objetos se ejecutan simultáneamente, cada uno con su línea de ejecución (thread). Si el sistema utiliza las líneas de control concurrentes, esto se muestra como activación, mensajes asíncronos, u objetos asíncronos.

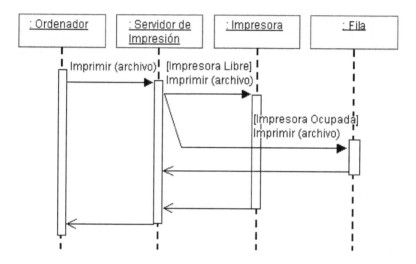

Los diagramas de secuencia pueden mostrar los objetos que son creados o destruidos como parte del escenario documentado por el diagrama. Un objeto puede crear otros objetos a través de mensajes. El mensaje que crea o destruye un objeto es generalmente síncrono, representado por una flecha sólida.

DIAGRAMA DE COLABORACIÓN

Un diagrama de colaboración muestra de forma semejante al diagrama de secuencia, la colaboración dinámica entre los objetos. Normalmente usted puede optar por utilizar el diagrama de colaboración o el diagrama de secuencia.

En el diagrama de colaboración, además de mostrar el intercambio de mensajes entre los objetos, también percibe los objetos con sus relaciones. La interacción de mensajes se muestra en los dos diagramas. Si el énfasis del diagrama es el paso del tiempo, lo mejor es elegir el diagrama de secuencia, si el énfasis es el contexto del sistema, es mejor dar prioridad al diagrama de colaboración.

El diagrama de colaboración se dibuja como un diagrama de objeto, donde los diversos objetos se muestran junto con sus relaciones. Las flechas de mensajes son dibujadas entre los objetos para mostrar el flujo de mensajes entre ellos. Los mensajes se nombran, y entre otras cosas muestran el orden en que se envían los mensajes. También se pueden mostrar condiciones, interacciones, valores de respuesta, etc. El diagrama de colaboración también puede contener objetos activos, que se ejecutan en paralelo con los demás.

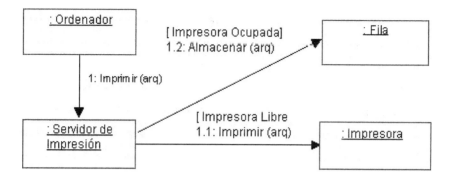

DIAGRAMA DE ACTIVIDAD

Elementos:

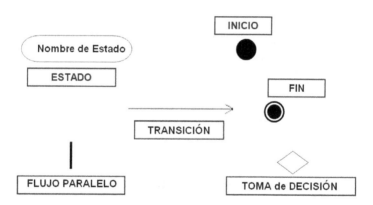

Los diagramas de actividad capturan acciones y sus resultados. Se centran en el trabajo realizado en la implementación de una operación (método), y sus actividades en una instancia de un objeto. El diagrama de actividad es una variación del diagrama de estado y tiene un propósito ligeramente diferente del diagrama de estado, que es capturar la acción (trabajo y actividades a ejecutar) y sus resultados en términos de cambios de estados de los objetos.

Los estados en el diagrama de actividad cambian a un estado próximo cuando se realiza una acción (sin necesidad de especificar cualquier evento en el diagrama de estado). Otra diferencia entre el diagrama de actividad y el de estado es que pueden ser colocados como "swimlanes". Un swimlane agrupa actividades, con respecto a quién es el responsable y donde dichas actividades residen en la organización, y está representado por rectángulos que abarcan todos los objetos que están conectados a él (swimlane).

Un diagrama de actividad es una forma alternativa para mostrar interacciones, con la posibilidad de expresar cómo se realizan las acciones, lo que hacen (cambian los estados de los objetos) cuando se ejecutan (secuencia de acciones), y donde suceden (swimlanes).

Un diagrama de actividad se puede utilizar para diferentes propósitos, incluyendo:

- Para capturar los trabajos que se llevarán a cabo cuando una operación se activa (acciones). Este es el uso más común para el diagrama de actividad.

- Para capturar el trabajo interno de un objeto.

- Para mostrar cómo se puede realizar un conjunto de acciones relacionadas y cómo afectarán a los objetos a su alrededor.

- Para mostrar cómo se puede realizar una instancia en términos de acciones y objetos.

- Para mostrar cómo funciona un negocio en términos de

empleados (actores), flujo de trabajo, la organización y los objetos (los factores físicos e intelectuales usados en el negocio).

El diagrama de actividad muestra el flujo secuencial de las actividades, se utiliza generalmente para mostrar las actividades realizadas por una operación específica del sistema. Consisten en estados de acción, que contienen la especificación de una actividad que se realiza por una operación del sistema. Decisiones y condiciones, como ejecución en paralelo, también se pueden mostrar en el diagrama de actividad. El diagrama también puede contener especificaciones de los mensajes enviados y recibidos como parte de las acciones ejecutadas.

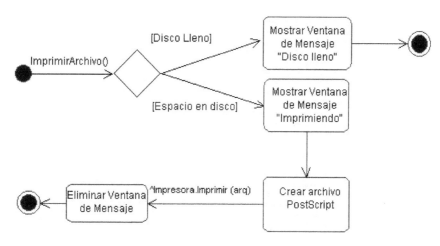

DIAGRAMA DE COMPONENTES

El diagrama de componentes y el de ejecución son diagramas que muestran el sistema desde un lado funcional, dejando al descubierto las relaciones entre sus componentes y la organización de sus módulos durante su ejecución.

El diagrama de componentes describe los componentes de software y sus dependencias entre sí, lo que representa la estructura del código generado. Los componentes son la implementación en la arquitectura física de los conceptos y de las funcionalidades definidas en la arquitectura lógica (clases, objetos y sus relaciones). Por lo general son archivos implementados en el entorno de desarrollo.

Un componente se muestra en UML como un rectángulo con una elipse y dos rectángulos más pequeños a la izquierda. El nombre del componente se escribe debajo o dentro de su símbolo.

Los componentes son tipos, pero sólo los componentes ejecutables pueden tener instancias. Un diagrama de componentes muestra sólo los componentes como tipos. Para mostrar instancias de componentes se debe utilizar un diagrama de ejecución, donde las instancias ejecutables se colocan en nodos.

La dependencia entre los componentes se puede mostrar como una línea discontinua con una flecha, que simboliza que un componente necesita de otro para tener una definición completa. Con el diagrama de componentes es fácilmente visible detectar que archivos .dll se necesitan para ejecutar la aplicación.

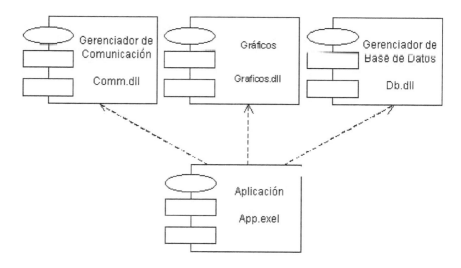

Los componentes pueden definir interfaces que son visibles para otros componentes. Las interfaces pueden definirse tanto en términos de codificación (como en Java) como en interfaces binarias usadas en run-time, tiempo de ejecución, (como en OLE). Una interfaz se muestra como una línea desde el componente y con un círculo en el otro extremo. El nombre se coloca junto al círculo al final de la línea. Las dependencias entre componentes pueden entonces apuntar a la interfaz del componente que se utiliza.

DIAGRAMA DE EJECUCIÓN

El diagrama de ejecución muestra la arquitectura física del hardware y del software en el sistema. Puede mostrar los ordenadores y periféricos actuales, junto con las conexiones que se establecen entre ellos mismos y también pueden mostrar los tipos de conexiones entre estos ordenadores y periféricos. También especifica los componentes ejecutables y objetos que se asignan para mostrar que unidades de software se ejecutan y en que equipos se ejecutan.

El diagrama de ejecución muestra la arquitectura run-time de procesadores, componentes físicos (devices) y software que se ejecuta en el entorno donde se utilizará el sistema desarrollado. Es la última descripción física de la topología del sistema, que describe la estructura de hardware y software que se ejecuta en cada unidad.

El diagrama de ejecución está compuesto de componentes, que tienen la misma simbología de los componentes del diagrama de componentes, nodos, que representan objetos físicos que son parte del sistema pudiendo ser una máquina cliente en una LAN, una máquina de servidor, una impresora, un router, etc., y las conexiones entre estos nodos y componentes que juntos comprenden toda la arquitectura del sistema físico.

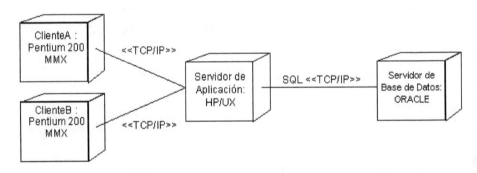

UN PROCESO PARA USAR UML

El UML contiene notaciones y reglas que permiten expresar los modelos orientados a objetos. Pero no indica cómo el trabajo se tiene que hacer, es decir, no tiene un proceso de cómo el trabajo tiene que ser desarrollado, ya que UML está diseñado para ser utilizado en diferentes métodos de desarrollo.

Para utilizar correctamente UML es necesario adoptar algún tipo de método de desarrollo, especialmente en grandes sistemas en los que la organización de tareas es esencial. El uso de un proceso de desarrollo hace más eficiente calcular el progreso del proyecto, supervisar y mejorar el trabajo.

Un proceso de desarrollo describe "qué hacer", "cómo", "cuándo" y "porque hay que hacerlo." Esto también describe una serie de actividades que deben ser realizadas en un orden determinado. Cuando se definen y relacionan las actividades de un proceso, se logra una meta específica.

En el uso normal, la palabra "proceso" significa una lista de actividades que se deben realizar en un orden determinado, independientemente del objetivo, reglas o material a utilizar. En el desarrollo del proceso de ingeniería de software, es necesario conocer el objetivo final del proceso, definir las reglas a seguir y adoptar un método fijo de desarrollo.

Un método (proceso) tradicional de desarrollo orientado a objetos se divide en análisis de requisitos, análisis, diseño (proyecto), implementación y pruebas. El análisis de los requisitos captura las necesidades básicas funcionales y no funcionales del sistema que debe ser desarrollado. El análisis modela el problema principal (clases, objetos) y crea un modelo ideal del sistema sin tener en cuenta los requisitos técnicos del sistema. El diseño expande y adapta los modelos de análisis a un entorno técnico, donde las soluciones técnicas se elaboran en detalle. La implementación consiste en codificar en lenguaje de programación y bases de datos los modelos creados. Y las actividades de prueba deben probar el sistema en diferentes niveles, comprobando si coincide con las expectativas del usuario.

Hay un proceso desarrollado por Rational Inc., la misma compañía que desarrolló el UML, que monta dos visiones del desarrollo de un sistema: la visión técnica y de gestión. La técnica utiliza las actividades tradicionales de análisis, diseño e implementación, mientras que la visión administrativa utiliza las siguientes etapas en el desarrollo de cada generación del sistema.

- **Inicio**: define el alcance y propósito del proyecto;

- **Elaboración**: desarrolla el producto en detalle a través de una serie de interacciones. Esto implica el análisis, diseño y programación;

- **Transición**: genera el sistema para el usuario final, incluyendo las actividades de marketing, soporte, documentación y formación.

Cada etapa del ciclo se ejecuta en series de interacciones que pueden superponerse a otras fases. Cada iteración consiste típicamente en actividades tradicionales tales como el análisis y el diseño, pero en diferentes proporciones, dependiendo de la fase en que este la generación del sistema en desarrollo.

Las herramientas modernas deben dar soporte no sólo a los lenguajes de modelado y programación, sino que deben apoyar un método de desarrollo de sistemas también. Esto incluye el conocimiento de las etapas en un proceso, ayuda en línea y consejos de qué hacer en cada etapa de desarrollo, apoyo al desarrollo interactivo y fácil integración con otras herramientas.

EL FUTURO DE UML

Aunque el UML define un lenguaje preciso, no es una barrera para nuevas mejoras en los conceptos de modelado. El desarrollo de UML se basa en técnicas antiguas de la orientación a objetos, más muchas otras influirán en el lenguaje en sus próximas versiones. Muchas técnicas avanzadas de modelado se pueden definir utilizando UML como base, pudiendo extenderse sin hacer necesario volver a definir su estructura interna.

El UML será la base para muchas herramientas de desarrollo, incluyendo el modelado visual, simulación y entornos de desarrollo. En poco tiempo herramientas de integración y estándares de implementación basados en UML estarán disponibles para cualquier persona.

El UML ha integrado muchas ideas adversas, y esta integración va a acelerar el uso del desarrollo de software orientado a objetos.

UN ESTUDIO DE CASO EN UML

Tras los puntos expuestos a lo largo de este libro, aplicaremos aquí gran parte de los conceptos abordados antes en una aplicación de UML en un problema ficticio que puede ser de gran ayuda para comprender mejor el potencial del lenguaje de modelado unificado.

El estudio de caso dará más énfasis en la fase de análisis de requisitos, el análisis y el diseño, ya que las principales abstracciones de los modelos de sistemas se encuentran en estas etapas de desarrollo.

Desarrollaremos un modelado en UML para crear un sistema de mantenimiento y control de cuentas corrientes y aplicaciones financieras de un banco ficticio.

Antes de iniciar la primera fase de modelado, vamos a hacer algunas consideraciones sobre lo que el sistema se propone hacer y otras observaciones que consideramos de vital importancia para la correcta comprensión del problema.

- El sistema soportará un registro de clientes, donde cada cliente registrado podrá tener varias cuentas corrientes, varios dependientes ligados a el, y varias cuentas de ahorro.

- Cada dependiente puede tener múltiples cuentas de ahorro, pero no podrá tener su propia cuenta corriente.

- Entendemos ahorro como una cuenta que tiene un valor, un plazo de aplicación de una tasa de interés (que se define en el vencimiento de los ahorros).

- Entendemos Aplicaciones Preestablecidas como una aplicación de un valor en un período pre-determinado a una tasa de interés predefinida.

- Tanto la cuenta corriente como la de ahorro, deberán mantener un registro de todas las transacciones de crédito, débito, transferencias y aplicaciones preestablecidos (pre-configurado sólo para la cuenta corriente). Una cuenta corriente puede tener varias aplicaciones preestablecidas conectadas a ella.

ANÁLISIS DE REQUISITOS

De acuerdo con nuestra propuesta el sistema implementará funciones básicas que se llevarán a cabo por la administración del banco y sus clientes. Las principales funciones del sistema son:

- Crear nuevo cliente
- Eliminar o editar cliente
- Crear dependiente
- Eliminar o editar dependiente
- Abrir cuenta corriente
- Cerrar cuenta corriente
- Abrir cuenta de ahorro
- Cerrar cuenta de ahorro
- Movimientos cuenta corriente
- Aplicar preestablecido
- Consultar histórico de la cuenta corriente o de ahorro
- Crear agencia

- Eliminar o editar agencia

Teniendo esta lista de actividades, ahora podemos modelar el diagrama de casos de uso del sistema.

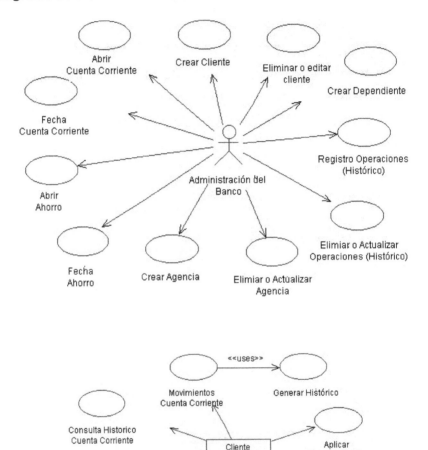

ANÁLISIS

En la fase de análisis, teniendo a mano el diagrama de casos de uso, podemos definir el diagrama de clases del sistema. Este primer diagrama de la fase de análisis debe ser totalmente ajeno a cualquier técnica relacionada con la implementación del sistema, es decir, los atributos y los métodos de acceso a la base de datos, la estructura de los mensajes entre objetos, etc., no debe aparecer en este primer diagrama, sólo los tipos básicos de objetos en el sistema.

Analizamos y comprendemos que habrá ocho clases en el sistema y que se relacionarán de acuerdo con el diagrama de clases que sigue.

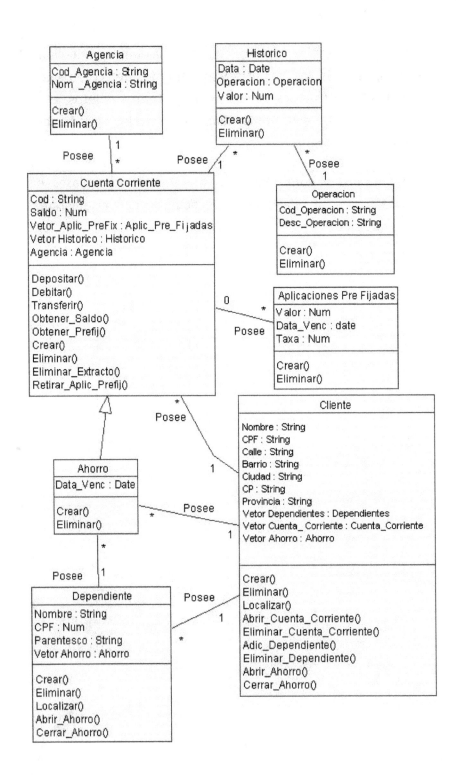

Ya tenemos las funciones clave del sistema (diagrama de casos de uso) y el diagrama de clases del análisis del dominio del problema, partiremos ahora para trazar cómo estas clases van a interactuar para realizar las funciones del sistema. Recuerde que en esta etapa ningún tipo de técnica de implementación debe ser considerada.

Para modelar cómo los objetos el sistema interactúan entre sí, se utiliza el diagrama de secuencia o colaboración. Vamos a modelar un diagrama para cada función (caso de uso) definida en el diagrama de casos de uso. Elegimos el diagrama de secuencia para dar más énfasis al orden cronológico de las interacciones entre objetos. Puesto que es necesario utilizar ideas básicas de modelado de la interfaz del sistema tales como ventanas. Pero estos objetos de interfaz serán detallados en la fase de diseño.

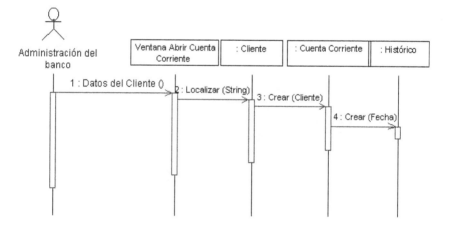

En esta etapa se modela también el diagrama de estado de las clases. Pero esta se encuadra en situaciones donde el comportamiento de los objetos es importante para la aplicación. En casos de modelado de sistemas para equipamientos mecánicos.

DISEÑO

En esta etapa vamos a implementar en nuestros modelos las mejoras y técnicas de como realmente cada función del sistema estará diseñada. Serán modelos más detallados con énfasis en las soluciones para el almacenamiento de datos, funciones primordiales del sistema y de interfaz de usuario.

La etapa de diseño puede dividirse en dos fases adicionales:

- **Diseño de la arquitectura**: Este es el diseño de alto nivel donde se definen los paquetes (subsistemas), incluyendo las dependencias y los mecanismos de comunicación entre ellos. Naturalmente, el objetivo es crear una arquitectura clara y simple, donde las dependencias sean pocas y que puedan ser bidireccionales, cuando sea posible.

- **Diseño detallado**: Esta parte detalla el contenido de los paquetes, a continuación, todas las clases se describirán completamente para mostrar especificaciones claras para el programador que generará el código de clase. Se utilizan modelos dinámicos de UML para mostrar cómo se comportan los objetos en diferentes situaciones.

Diseño de la arquitectura

Una arquitectura bien diseñada es la base para futuras ampliaciones y modificaciones en el sistema. Los paquetes pueden ser responsables de funciones lógicas o técnicas del sistema. Es de vital importancia separar la lógica de la aplicación de la lógica técnica. Esto facilitará en gran medida los cambios futuros del sistema.

En nuestro caso de estudio, se identificaron cuatro paquetes (subsistemas):

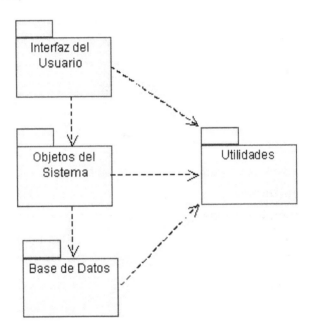

- **Paquete de la interfaz de usuarios**: Están contenidas las clases para la construcción de la interfaz de usuario, para que puedan acceder e introducir nuevos datos en el sistema. Estas clases se basan en el paquete Java AWT, que es el estándar para la creación de interfaces de Java. Este paquete coopera con el paquete de objetos del sistema, que contiene las clases donde se almacenan los datos. El paquete de interfaz llama operaciones en el paquete de objetos del sistema para acceder e introducir nuevos datos.

- **Paquete de objetos del sistema**: Este paquete incluye clases básicas, es decir, las clases que se han desarrollado precisamente para el desarrollo funcional del sistema. Estas clases se detallan en el diseño, entonces las operaciones y los métodos son incluidos en su estructura y el soporte para persistencia se añade. El paquete de objetos debe interactuar con la base de datos y todas sus clases deben heredar de la clase Persistente del paquete de base de datos.

- **Paquete de base de datos**: Este paquete proporciona los servicios para las clases del paquete de objetos haciendo que los datos almacenados en el sistema se graben en el disco.

- **Paquete de Utilidades**: Esto incluye servicios que son utilizados por todos los otros paquetes del sistema. Actualmente la clase ObjId es la única en el paquete y se utiliza para referirse a objetos persistentes en todo el sistema.

Diseño detallado

El propósito del diseño detallado es describir las nuevas clases técnicas del sistema, como las clases de creación de la interfaz, de base de datos y para ampliar y refinar la descripción de las clases de objetos, que ya habían sido definidos en la fase de análisis.

Todo esto se hace con la creación de nuevos diagramas de clases, de estado y dinámicos. Serán los mismos diagramas creados en la fase de análisis, pero en un mayor nivel de detalle técnico.

Las descripciones de casos de uso procedentes de la fase de análisis se utilizan para determinar si están siendo apoyados por los diagramas generados en la fase de diseño, y los diagramas de secuencia se utilizan para ilustrar cómo se aplica técnicamente cada caso de uso en el sistema.

Llegamos a un diagrama de clases más evolucionado con la inclusión de la persistencia.

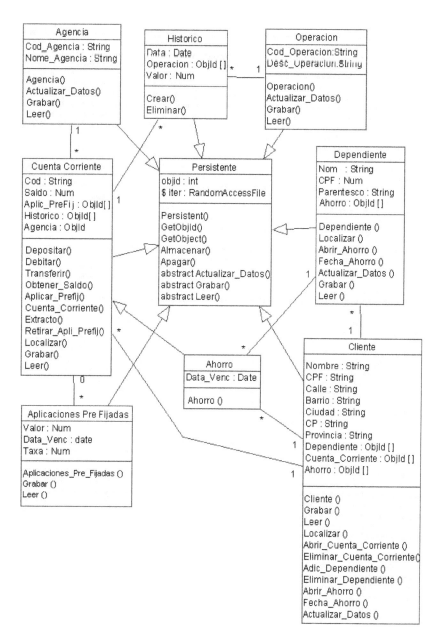

Generamos diagramas de secuencia para las funciones del sistema, descritas en el diagrama de casos de uso, ya que posee los parámetros para cada mensaje entre los objetos.

El diseño de las ventanas debe ser creado con una herramienta visual de acuerdo a la preferencia de los desarrolladores. Herramientas visuales ya generan el código necesario para crear ventanas. Algunas herramientas ya son compatibles con la adición de controladores de eventos a los eventos desencadenados por los usuarios como clics de botón. El entorno genera un método 'okbutton_Clicked' que se llama cuando se presiona el botón "OK".

La aplicación resultante de la interfaz de usuario es una ventana principal con un menú de opciones. Cada opción elegida en el menú despliega una nueva ventana que será responsable de la recepción de la información del usuario y realizar la función que se proponen hacer.

IMPLEMENTACIÓN

La fase de construcción o implementación es cuando se codifican las clases. Los requisitos que el sistema debe ser capaz de ejecutar en varios tipos de procesadores y sistemas operativos, en este caso el lenguaje elegido fue Java.

Debido a que cada archivo en Java puede contener una y sólo una clase, se puede escribir fácilmente un diagrama de componentes que contienen un mapeo de las clases procedentes de la vista lógica.

Ahora codificamos cada clase del paquete de objetos del sistema, la interfaz, la base de datos y el paquete de utilidades. La codificación debe basarse en modelos desarrollados en las fases de análisis de requisitos, análisis y diseño, específicamente en las especificaciones de clases, diagramas de clases, de estado, dinámicos, de casos de uso y especificación.

Existirán deficiencias en la fase de codificación. La necesidad de la creación de nuevas operaciones y modificaciones en las operaciones ya existentes serán identificadas, lo que significa que el desarrollador tendrá que cambiar sus modelos de la fase de diseño. Esto ocurre en todos los proyectos. Lo que es más importante es que sean sincronizados el modelado de diseño con la codificación, de esta forma los modelos se podrán utilizar como la documentación final del sistema.

PRUEBAS

La aplicación se debe probar. Hay que comprobar si el programa es compatible con toda la funcionalidad que se ha especificado en la fase de análisis de requisitos con el diagrama de casos de uso. La aplicación también debe ser probada de manera más informal al colocar el sistema en manos de los usuarios.

CONCLUSIÓN

La creación de un lenguaje para la comunidad de desarrolladores en la orientación a objetos era una antigua necesidad. El UML realmente ha incorporado muchas características para dar un lenguaje con una gran extensibilidad.

La organización del modelado en vistas y la división de los diagramas especificando características estáticas y dinámicas hacen que el UML sea fácil de ser usado y que cualquier tipo de comportamiento se puede visualizar en diagramas.

El modelado visual orientado a objetos ahora tiene un patrón, y este patrón es extremadamente simple para ser escrito a mano, siendo robusto para especificar y describir la gran mayoría de las funciones, relaciones y técnicas de desarrollo orientado a objetos que se utilizan hoy en día. Nuevas técnicas surgirán y el UML también estará preparado ya que todo se basa en las ideas básicas de la orientación a objetos.

Sin duda, el UML facilitará a las grandes empresas de desarrollo de software una mayor comunicación y aprovechamiento de los modelos desarrollados por sus diversos analistas que participan en el proceso de producción de software ya que el idioma a ser utilizado por todos será el mismo, poniendo así fin a cualquier problema de interpretación y falta de comprensión de los modelos creados por otros desarrolladores. Los modelos creados hoy en día se podrán analizar fácilmente por las futuras generaciones de desarrolladores terminando con la diversidad de clasificaciones de modelos, el principal obstáculo para el desarrollo de software orientado a objetos.

Los fabricantes de herramientas CASE ahora soportan UML en sus softwares y la fase de codificación serán cada vez más substituida por la generación automática de código realizado por herramientas CASE.

Editorial

IT Campus Academy es una gran comunidad de profesionales con amplia experiencia en el sector informático, en sus diversos niveles como programación, redes, consultoría, ingeniería informática, consultoría empresarial, marketing online, redes sociales y más temáticas envueltas en las nuevas tecnologías.

En **IT Campus Academy** los diversos profesionales de esta comunidad publicitan los libros que publican en las diversas áreas sobre la tecnología informática.

IT Campus Academy se enorgullece en poder dar a conocer a todos los lectores y estudiantes de informática a nuestros prestigiosos profesionales, como en este caso **Ángel Arias**, experto en Consultoría TIC y Desarrollo de Web con más de 12 años de experiencia, que mediante sus obras literarias, podrán ayudar a nuestros lectores a mejorar profesionalmente en sus respectivas áreas del ámbito informático.

El Objetivo Principal de **IT Campus Academy** es promover el conocimiento entre los profesionales de las nuevas tecnologías al precio más reducido del mercado.

Sobre el Autor

Este libro ha sido elaborado por Julián Esteban Gracia Burgués, profesor y consultor freelance desde 2006.

Con muchos años de experiencia en el mundo de la implantación de software y en la formación sobre programación, Julián ha elaborado es libro para introducir a aquellas personas que empiecen en el mundo del desarrollo del software en el modelado UML.

Espero que este libro les ayude a progresar en su carrera.

Muchas Gracias

www.ingramcontent.com/pod-product-compliance
Lightning Source LLC
Chambersburg PA
CBHW061015050326
40689CB00012B/2653